El misterio Spagueti

Escrito por Joy Cowley

Ilustrado por Shane Marsh

Dominie Press, Inc.

Directora General: Christine Yuen
Editor Ejecutivo: Carlos A. Byfield
Diseñadora: Lois Stanfield
Ilustrador: Shane Marsh

© 2002 Dominie Press, Inc. Derechos reservados. La reproducción o transmisión total o parcial de esta obra, sea por medio electrónico, mecánico, fotocopia, cinta magnetofónica u otro sin el consentimiento expreso de los propietarios del copyright está prohibida al amparo de la legislación de derechos de autor.

Publicado por:

Dominie Press, Inc.

1949 Kellogg Avenue
Carlsbad, California 92008 EE.UU.

www.dominie.com

Cubierta de cartón ISBN 0-7685-0872-X
Libro encuadernado ISBN 0-7685-0043-5
Impreso en Singapur por PH Productions Pte Ltd
2 3 4 5 V088 13 12 11

Contenido

Capítulo 1
La vida solitaria del que sabe todo 4

Capítulo 2
La vida puede ser aburrida 8

Capítulo 3
La maestra suplente 13

Capítulo 4
La señorita Barrios está ausente 16

Capítulo 5
En autobús se llega más rápido 21

Capítulo 6
¿Hay alguien ahí? 25

Capítulo 7
Un gran equipo 34

Capítulo 1
La vida solitaria del que sabe todo

Teo estaba muy ansioso por saber el resultado del examen de ortografía. Su amiga Clara era sobresaliente en la mayoría de las materias, pero no en ortografía. ¡No señor! Su ortografía era desastrosa. Hasta deletreaba *espagueti* como *spagueti* y por eso Teo a veces le decía *spagueti* cuando estaba fastidiado con ella.

A Clara le gustaba ese sobrenombre.

—Me gusta que me llamen spagueti —dijo ella—. Es parte de mi herencia italiana.

—Tú eres africana-americana —le dijo Teo.

—Mi abuela era mitad italiana —le

contestó—. Así que soy un octavo italiana y me fascinan el espagueti, los macarrones, el espumoni, el panettone—... Clara continuó nombrando comidas italianas.

Teo no tenía ni idea de cómo eran esas comidas.

—Yo soy un tercio italiano —dijo Teo—. Y un tercio irlandés y mi padre es un jefe de cocina que ha recibido distinciones.

—Nadie puede ser un tercio de algo —dijo Clara riéndose.

—¿Por qué no? —preguntó Teo.

—Tú haz el cálculo —dijo ella.

Teo hizo el cálculo. Era un cuarto italiano y un cuarto irlandés. ¿Qué importaba? La niña spagueti podría ser mejor cuando se trataba de las matemáticas, pero él era mejor en ortografía.

Teo levantó su mano lo más alto que pudo.

—¿Sí, Teo? —preguntó la señorita Barrios.

—¿Quién sacó la mejor nota en el examen

de ortografía? —le preguntó.

—¿Sacó? —preguntó ella frunciendo el entrecejo.

—Quise decir, ¿quién obtuvo la mejor calificación? —dijo Teo.

—A Teo no le gusta obtener una calificación baja —dijo Clara dulcemente.

La señorita Barrios meneó la cabeza.

—¡Teo Casablanca! ¡Clara Lavalle! —dijo ella—. ¡Ustedes viven de la competición! Algún día van a ver que es muy solitario ser primero en todo. La verdad es que ser primero en todo puede ser tan solitario que uno se siente como que ha perdido —dijo la señorita Barrios.

—Sí, como no —pensó Teo. Miró a Clara y ella puso los ojos en blanco.

—Si tienen que saberlo —dijo la señorita Barrios—. Dejé los exámenes en mi casa. Mañana los traeré. Ahora es tiempo de ir al recreo —dijo ella.

Dioni Patrovo, que se sentaba al lado de Teo, frunció su entrecejo mientras guardaba sus libros.

—Fue solamente un examen —dijo Dioni—. No fue una elección. ¿A quién le importa quién haya sacado la mejor calificación?

—¡A mí! —dijo Teo.

Capítulo 2
La vida puede ser aburrida

Clara y su madre vivían en el mismo edificio que Teo, su hermano menor Pablo y su papá.

Algunas veces, Teo pensaba que nunca iba poder alejarse de Clara. Eran vecinos en la escuela y en la casa. El padre de Teo y la madre de Clara eran amigos y solían cenar juntos. Aparte de eso, Teo, Clara y Pablo tenían una agencia de detectives en el edificio. Los Detectives spagueti, así la llamaba Clara.

—¡La tengo que soportar todo el día! —le dijo Teo a su papá.

—Ella probablemente dice lo mismo de ti —le dijo su papá—. Me parece que ustedes también quieren estar juntos —añadió su papá—. Si no pueden llevarse bien, ¿por qué no dejan de estar juntos? —preguntó él.

Teo no contestó porque no sabía la respuesta. Sí se peleaban mucho, pero Teo sabía que la vida sin Clara sería muy aburrida.

Clara se sentó al lado de él en el autobús.

—Deja de fruncir el entrecejo —le dijo—. Vas a ganar el examen de ortografía.

—No estoy pensando en eso —dijo Teo, aunque no era cierto.

—Yo voy a obtener la mejor calificación en el proyecto de la selva tropical —dijo Clara.

Teo la miró de costado e imitó a la señorita Barrios.

—El ganar puede ser tan solitario que uno se siente como que ha perdido —dijo él.

—¡No lo creo! —dijo Clara mientras le daba un codazo amistoso—. Por lo menos puedo hablar contigo —dijo ella.

Teo sonrió y miró por la ventanilla.

—Debemos hablar —dijo Clara—, pero no acerca de la escuela, sino sobre los Detectives spagueti. Deberíamos tener una reunión esta tarde.

—¿Para qué? —preguntó Teo.

—Para discutir el trabajo que hacemos en el edificio —dijo ella—. ¿Somos detectives o no? ¿O somos simplemete niños que hacen mandados y trabajitos? El señor Milano le pidió a Pablo que barriera el depósito de herramientas. La señora Hernández, del quinto piso, quiere que repartamos volantes para su grupo teatral.

—Nos pagan —dijo Teo encogiendo los hombros.

—Ese no es el detalle —dijo Clara—. Los detectives de experiencia no hacen ese tipo de trabajo aburrido.

—Tu mamá es una doctora habilidosa y lava tu ropa —le contestó Teo.

—Eso es asunto de familia. Yo no estoy hablando acerca de eso. En una familia hay que hacer esos trabajos. Yo estoy hablando de negocios. ¿Somos una agencia de detectives o no? —preguntó Clara.

Teo encogió los hombros. —¿Sabes lo que hacen los detectives verdaderos cuando se les acaba el trabajo? —preguntó Teo, encogiendo los hombros otra vez.

—¿Qué? —dijo Clara.

—Reparten anuncios de teatros por toda la ciudad —dijo Teo.

Capítulo 3

La maestra suplente

La señorita Barrios no estaba en la escuela el siguiente día. Durante la primera media hora, no había ninguna maestra en la clase. El ruido aumentaba y algunos niños empezaban a lanzar bolitas de papel con la punta de las reglas. Después de cierto rato, vino la señora García y los hizo callar. Dijo que ella sería la maestra suplente de la clase de la señorita Barrios, ya que ésta estaba detenida por causas ajenas a su voluntad.

—¿Qué quiere decir *detenida por causas ajenas a su voluntad?* —preguntó Diana Vargas.

—Creo que está indispuesta —dijo la señora García, a quien le gustaba usar palabras largas.

—¿*Indispuesta?* —dijo Diana, quien prefería usar palabras cortas.

—Enferma —dijo la señora García.

Se oyó un murmullo en la clase. La señorita Barrios era una maestra muy popular.

—¿Qué le pasa? —preguntó alguien.

—No tenemos esa información —dijo la señora García—. En realidad, no tenemos ninguna información. Es posible que la señorita Barrios haya tenido una emergencia de familia. La secretaria de la escuela está tratando de comunicarse con ella —dijo la maestra suplente.

—¡Podría estar ausente durante varios meses! —dijo Dioni Patrovo.

—Sinceramente espero que no —dijo la señora García—. Sería muy inconveniente.

Clara alzó las cejas y miró a Teo, que a su vez encogió los hombros.

—Tanto esperar para el resultado del examen

de ortografía —pensó Teo.

La señora García dio un golpecito en su escritorio.

—El comportamiento de la clase es disruptivo —dijo ella—. Cálmense por favor y saquen sus libros de matemáticas.

Diana Vargas sacó un pañuelo de su escritorio en vez de su libro. Estaba llorando.

—¿Qué sucede? —le preguntó la señora García.

—¡Tal vez nunca más regrese la señorita Barrios! —dijo Diana, sollozando mientras se secaba las lágrimas en su pañuelo rosa.

Teo sintió un nudo en el estómago. Diana lloraba por todo, pero si tenía razón... ¿Qué pasaría si la señorita Barrios no regresaba? ¿Y si estaba enferma o se había mudado a otra ciudad?

Nunca sabría el resultado de su examen de ortografía.

Capítulo 4

La señorita Barrios está ausente

Ya se aproximaba el fin del día escolar y nadie sabía aún donde estaba la señorita Barrios.

—O no saben —dijo Clara—, o no nos quieren decir.

—¿Somos detectives o no? —dijo Teo.

Los ojos de Clara se iluminaron. Fue al frente de la clase donde la señora García estaba acomodando unos libros.

—Disculpe, señora García —dijo Clara— ¿Nos puede dar el número de teléfono de la señorita Barrios? —le preguntó.

—Lo siento Clara, pero esa información es confidencial —dijo ella.

—Solamente queremos saber cómo está —dijo Teo.

—Te aseguro Teodoro que la secretaria de la escuela ha estado tratando de comunicarse con ella todo el día —dijo la señora García, con una pequeña sonrisa—. Esto no te concierne a ti.

—¡Claro que sí —pensó Teo. Le tomó el brazo a Clara.

—Vamos Clara —le dijo—. Vamos a perder el autobús.

La conversación en el autobús era acerca de la desaparición de la señorita Barrios. ¿Cómo era posible que una de las maestras más populares de la escuela hubiese desaparecido?

—Debe de haber más de una docena de Barrios en la guía telefónica —dijo Clara.

—Olvídate spagueti —dijo Teo—. Como dijo la señora García, la escuela ha tratado de llamarla todo el día —dijo él.

Clara lo miró con una de esas miradas de superioridad.

—No tenemos que llamarle por teléfono. Si tuviéramos su teléfono, podríamos fijarnos en el directorio y encontrar su dirección. Luego podríamos ir a su casa —explicó ella.

Clara tenía razón. Teo frunció el entrecejo.

—¡Oye! —dijo Teo—. Al principio del año escolar, antes de que tú vinieras, la señorita Barrios envió una carta a los padres de familia.

—No fue sólo al principio del año —dijo Clara—. Mi mamá también recibió una carta. Estaba muy impresionada con la carta que había escrito la maestra.

—La señorita Barrios escribió que era un privilegio ser mi maestra —dijo Teo—. Dijo que tenía un gran deseo de conocer a nuestra familia y si había algo que mi papa quería preguntarle...

—¡Anotó su número de teléfono! —dijo Clara.

—Mi papá no es muy ordenado, pero sé que guarda las cosas de la escuela —dijo Teo.

—Mi mamá tiene un fichero así de grande —dijo Clara extendiendo los brazos.

—Si encontramos el número de teléfono de la señorita Barrios, podemos encontrar su dirección —dijo Teo.

—Eso es lo que te he estado tratando de decir —dijo Clara—. ¿Sabes lo qué podemos hacer? Podemos ir a repartir los volantes de la señora Hernández por toda la ciudad —dijo Clara.

Capítulo 5

En autobús se llega más rápido

Cuando Pablo se enteró del plan dijo que él también iría.

—Tú no estás en la clase de la señorita Barrios —dijo Teo.

—Este es trabajo de Detectives spagueti, no trabajo de escuela —dijo Pablo rotundamente.

—Pablo tiene razón —dijo Clara.

—Su casa queda en la calle Bolívar, al otro lado de la ciudad, a muchas millas de aquí —dijo Teo—. Te vas a cansar.

—A dos millas —dijo *spagueti*—. Podemos ir en autobús.

—¡Un momento! —dijo el papá de Teo, mientras se secaba las manos en el delantal de cocinero—. ¿Qué es eso de un autobús? —preguntó.

Clara le enseñó su mochila con los volantes de la señora Hernández.

—Vamos a repartir los volantes de la señora Hernández.

—Está bien —dijo el papá de Teo—. Ya saben las reglas. Se quedan juntos, no hablan con personas desconocidas y regresan antes de que oscurezca. Hoy vamos a cenar pescado picante con arroz y soufflé de limón de postre.

Teo tuvo que reconocer que Clara tenía razón. Si iban caminando hasta la casa de la señorita Barrios no regresarían hasta la media noche.

Esperaron que llegara el autobús a la parada. Era hora pico. Pablo estaba atento a que llegara el autobús.

—¿Dónde está el cuaderno de los Detectives spagueti? —preguntó Clara—. Tenemos que tomar unas notas.

Pablo se lo trajo y le dio un lápiz.

—Primero —dijo Clara—, nos fijamos en el garaje de la señorita Barrios. Si su auto no está ahí, sabemos que se ha ido. Si está ahí...

—Está en su casa enferma —dijo Pablo.

—Tendría que estar muy enferma si no contesta el teléfono —dijo Teo.

—Tal vez esté inconsciente —dijo Clara, mientras escribía en el cuaderno.

—O muerta —dijo Pablo.

Teo no dijo nada. Se inclinó para ver lo que había escrito Clara. Había escrito *inconsciente*, pero no dijo nada. Sintió un nudo en el estómago otra vez.

Cuando llegó el autobús se subieron y se sentaron en el asiento del fondo.

—Si su auto está ahí y la casa está cerrada... —dijo Teo.

—Tendremos que llamar a la policía —dijo Clara.

—O la ambulancia —dijo Pablo.

Capítulo 6
¿Hay alguien ahí?

El autobús paró en la calle Bolívar. La señorita Barrios vivía en la casa número 115. Teo quería apurarse pero *spagueti* quiso poner un volante en cada buzón hasta llegar a la casa.

—¡Podría estar sangrando y muriéndose! —dijo Teo.

Pero esa señorita *spagueti* no le hizo caso.

—¡Escucha Teo Casablanca! —dijo Clara—. Yo le dije a tu papá que íbamos a repartir los volantes. ¿Quieres que crea que soy una mentirosa? Si me ayudas, llegaremos a la casa de la señorita Barrios más pronto.

—¿De veras? —dijo Teo, mientras tomaba unos volantes—. ¿Quién fue la que dijo que los detectives no repartían volantes?

—¿Y quién dijo que sí? —dijo *spagueti*.

Pablo suspiró y encorvó los hombros.

—Estoy cansado de oírlos peleando todo el tiempo —dijo Pablo quejándose.

La casa de la señorita Barrios era de un aspecto extraño: alta pero no ancha, como una torre o un faro. Estaba separada, situada en un lote grande; el garaje estaba aparte al lado de la puerta de la cerca. El buzón, a poca distancia de la cerca, estaba lleno de cartas y había dos periódicos en el camino de entrada. Los tres detectives miraron el buzón y luego se miraron a sí mismos.

—Si se fue a alguna parte, no pidió que dejaran de repartir su correspondencia —dijo Pablo.

Teo fue caminando hacia el garaje. Trató de ver por una hendija en la puerta, luego fue a la ventana que estaba a un costado.

—El auto está ahí —dijo Teo.

Clara y Pablo fueron a ver también. Se quedaron parados por largo tiempo observando el auto conocido, color verde.

—¿Les parece que algún vecino sabrá algo? —preguntó Teo.

—¿Sabrá qué cosa? —preguntó Pablo.

Clara respiró hondo y le salió un suspiro.

—Vamos hasta la casa —dijo ella.

Había una silla de mimbre en el porche y unas flores rojas en una maceta. La puerta tenía vidrio transparente y se podía ver hacia adentro. Se veía un pasillo empapelado color crema y fotos de personas. Trataron de abrir la puerta pero estaba cerrada.

Teo fue hacia la parte de atrás de la casa, Pablo y Clara lo siguieron. Había un porche chiquito y unos zapatos sobre un tapete. Esa puerta también estaba cerrada. Teo dio unos pasos hacia atrás y vio que la casa de ladrillo del vecino quedaba a distancia de ahí. Le pareció extraño que alguien viviera tan lejos de otros vecinos. En el edificio donde vivían, todos estaban cerca. Si una persona se lastimaba o estaba enferma sólo tenía que gritar y alguien lo escucharía.

Dieron la vuelta alrededor de la casa. Una ventana alta estaba abierta. Todas las otras estaban cerradas.

—Nadie se ha metido a la casa —dijo *spagueti*—. Por lo menos es algo.

—Eso no es nada —refunfuñó Teo.

—¿Cómo que no es nada? —protestó *spagueti*.

—¡Basta ya! —dijo Pablo al golpear el suelo con su pie—. Yo voy a tocar la puerta del frente.

Antes de que pudieran detenerlo, Pablo estaba golpeando la puerta y gritando en voz alta.

—¡Señorita Barrios!, ¡Señorita Barrios! ¿Está enferma señorita Barrios? —gritó Pablo.

Teo fue corriendo y lo agarró del cuello de la camiseta.

—¡No seas tonto! —le dijo.

—Y si está lastimada o.... —dijo Pablo al soltarse.

—Vayamos a hablar con un vecino —dijo Teo.

—¿Cuál vecino? —preguntó Clara.

Luego escucharon a la señorita Barrios dentro de la casa.

—¡Ayuda! ¡Ayuda! —decía ella con una voz que parecía silenciada y muy lejana.

—¡Ayuda! ¿Hay alguien? ¡Ayúdeme! —decía la voz lejana.

—¡La ventana! Estaba abierta un poquito —dijo Teo y se fueron corriendo al lado de la casa.

—La señorita Barrios está bien —dijo Teo con alegría—. No podría pedir ayuda si estuviera inconsciente —dijo él.

Teo y Clara se miraron.

—Ustedes levántenme —dijo Teo—. Si puedo abrirle el pestillo a la ventana podré meterme por ahí.

Lo agarraron de las rodillas y lo levantaron hacia la ventana hasta que pudo alcanzar el alféizar.

—Creo que es el baño —dijo Teo.

—¡Apoya tus pies sobre mis hombros! —dijo Clara.

Teo podía sentir como sus manos lo guiaban hasta que pudiera apoyarse en sus hombros y pensó: así se hace *spagueti*.

Ahora podía abrir el pestillo de la ventana, meter su brazo e inclinarse por la abertura.

La voz de la señorita Barrios se oía mejor.

—¿Hay alguien ahí? ¡Ayuda! —dijo ella.

Pero parecía que la voz venía del cielo. Teo miró hacia el techo del baño y luego hacia el piso.

¡Caracoles! La ventana estaba situada donde estaba el retrete e iba a caer de cabeza ahí. Se deslizó con mucho cuidado y bajó la tapa del retrete. Luego apoyó sus brazos sobre éste y se terminó de bajar.

Ya de pie pudo contestar la llamada de la señorita Barrios.

—¡Ya voy señorita Barrios! —dijo Teo.

—¿Quién está aquí? —su voz aún parecía venir del cielo.

—Soy Teo Casablanca, señorita Barrios —dijo él—. Estoy en su baño. ¿Dónde está usted? —le preguntó.

—¡Teo! ¡Qué alegría! —su voz flotaba desde la distancia—. Ve al pasillo. Hay unas escaleras. Sube y verás que hay una puerta al ático.

¡El ático! De ahí venía la voz.

—¿Está lastimada señorita Barrios? —preguntó Teo, mientras corría por las escaleras.

—No, Teo, no estoy lastimada —su voz ya se oía más clara—. ¡Pero he estado aquí desde ayer y tengo mucha sed! —dijo ella.

—Por qué no ....—iba a decir Teo, pero se detuvo. Vio por qué. La abertura para el ático estaba por encima de su cabeza, bien alta. En el piso, a su lado, estaba caída la escalera.

Capítulo 7

Un gran equipo

La señorita Barrios les ofreció más limonada.

—Tenemos que regresar a casa antes de que oscurezca —dijo Clara.

—Yo los llevaré en mi auto —dijo la señorita Barrios—. Es lo menos que podría hacer por mis rescatadores —dijo ella mientras sonreía y llenaba los vasos con limonada.

—No sabía que hacer —dijo la señorita Barrios—. No hay ventanas en el ático. No tenía una soga. No había sábanas para atarlas juntas. Me estaba desesperando. Pensé que iba a tener que saltar aunque corriera el riesgo de fracturarme las piernas —dijo ella.

—Es un salto grande —dijo Teo.

—Sin duda, voy a instalar una escalera permanente para subir al ático —dijo la señorita Barrios—. Una escalera de tijera es muy peligrosa. La hice caer al meterme al ático. Cayó de un gran golpe y ahí quedé yo, sin poderme bajar. Ni tenía un teléfono celular. Cojan otra galleta —les dijo.

Teo pensaba que la señorita Barrios se veía bien aunque tenía telarañas en su cabello. Cogió otra galleta de chocolate y se la comió, mientras Clara hablaba de lo que había sucedido en la escuela.

—¡Así que tuvieron a la señora García! —dijo la señorita Barrios—. ¡Es muy buena!

Clara le hizo el juego de ojos a Teo. Volteó sus ojos hacia atrás.

—Muy buena —dijo la señorita Barrios con firmeza—. La llamaré por teléfono esta noche y le agradeceré. Le diré que tres grandes detectives me rescataron y que mañana estaré en la escuela a primera hora.

—Con los resultados de los exámenes de ortografía —pensó Teo, pero no lo dijo.

—Yo fui el que golpeó la puerta y grité —dijo Pablo—. Clara y Teo querían ir a hablar con los vecinos —dijo él.

—Yo fui el que entró por la ventana —dijo Teo.

—Porque yo dejé que apoyaras tus pies sobre mis hombros —dijo Clara.

—Creo que los tres hacen un gran equipo —dijo la señorita Barrios—. Mañana en la escuela les diré a todos que ustedes son mis héroes del año.

Y así fue. Al siguiente día durante la asamblea, la señorita Barrios les contó a los maestros y al personal de la escuela cómo había subido al ático a guardar unas cajas. Les explicó que la escalera se había caído y que ella no había podido bajarse. Si Clara Lavalle y Teo y Pablo Casablanca no hubieran ido a buscarla, quizás no estaría ahí presente.

—¡Oo-oo-oo-ooh! —dijeron todos los alumnos.

Luego la directora llamó a los Detectives spagueti al frente y les estrechó la mano.

—Los felicito —les dijo—. Estamos muy orgullosos de ustedes.

Todos querían hablar acerca del rescate, pero era hora de ir a lecciones. Teo y Clara estaban sentados en sus escritorios. Eran realmente unos héroes. Todos los estudiantes de la clase los seguían mirando.

—¡Los extrañé! —dijo la señorita Barrios—. Realmente los extrañé a todos —dijo ella.

—Nosotros también la extrañamos señorita Barrios —dijo Clara.

—Disfrutemos de este día juntos —dijo la señorita Barrios mientras sacaba los papeles de su bolsa—. Primero, unas calificaciones. La mayoría de ustedes salieron muy bien en el examen de ortografía.

Teo se sentó erguido y cruzó los brazos.

—La mejor calificación fue la de ¡Dioni Patrovo! —dijo ella mientras miraba los exámenes.

¿Qué? Teo se viró para mirar a Patrovo. ¡No podía ser! Patrovo había venido de Rusia. Tenía sólo cuatro años de estar estudiando español.

—Muy buen trabajo Patrovo —dijo la señorita Barrios—. Los proyectos de la selva tropical estaban muy buenos, pero hubo un estudiante quien le dedicó mucho tiempo y esfuerzo al proyecto. Su proyecto es excepcional —dijo ella.

Teo miró a Clara, quien tenía puesta su sonrisa dulce como la miel.

—¡Diana Vacas! —dijo la señorita Barrios.

Todos aplaudieron y Diana parecía que iba a llorar. Clara también parecía que iba a llorar.

Durtante el recreo, Teo y Clara no hablaron mucho sobre el examen o el proyecto.

Teo fue y felicitó a Patrovo. Petrovo alzó los hombros.

—No fue ninguna grande cosa —dijo él.

—Gran cosa —lo corrigió Teo.

—Así es —Petrovo asintió con su cabeza.

Durante el almuerzo Clara admitió que el proyecto de Diana Vacas era mejor que el de ella.

—Lo estuve viendo —dijo Clara—, está muy bueno —dijo ella.

—Estoy contento de que Patrovo sacó la mejor calificación —dijo Teo—. ¿Sabes algo? Yo he hablado español toda mi vida y Patrovo sólo lo ha hablado por cuatro años. ¿Cómo puede ganar un examen tan difícil de ortografía? —le preguntó a Clara.

—Estudia mucho —dijo Clara, mientras lo tomaba del brazo—. Pero por lo menos nosotros no nos sentimos solos —le recordó ella.

Teo la miró y luego se puso a reír y a reír.

—¡Eres una verdadera spagueti! —le dijo.